REQUIEM

Razmik Davoyan
Requiem
Ռ ե ք վ ի ե մ

translated by
Arminé Tamrazian

Arc Publications
2016

Published by Arc Publications,
Nanholme Mill, Shaw Wood Road
Todmorden OL14 6DA, UK
www.arcpublications.co.uk

Copyright in the poems © Razmik Davoyan, 2016
Copyright in the English translation © Arminé Tamrazian, 2016
Copyright in the Introduction © Tony Ward, 2016
Copyright in the present edition © Arc Publications 2016

This book is an edited version
of the poem sequence originally published in 1969

978 1908376 78 7 (pbk)
978 1908376 79 4 (hbk)
978 1908376 80 0 (ebook)

Design by Tony Ward
Cover design by Tony Ward & Ben Styles
Printed in Great Britain by
TJ International, Padstow, Cornwall

Cover picture: The Genocide Memorial, Yerevan, Armenia.
Photograph © Tony Ward, 2016

ACKNOWLEDGEMENTS
The translator would like to thank Angela Jarman
for her editorial help with the translation.

This book is in copyright. Subject to statutory exception and to provision of relevant collective licensing agreements, no reproduction of any part of this book may take place without the written permission of Arc Publications.

LOTTERY FUNDED
Supported using public funding by
ARTS COUNCIL ENGLAND

'Arc Translations'
Series Editor: Jean Boase-Beier

*To commemorate the centenary of the
Armenian Genocide in 1915*

CONTENTS

Introduction / 9

14 / Մենք խոսում ենք կյանքի հրաշքների մասին • We speak of the wonders of life / 15
22 / Երգի ուրվականը • The Phantom of Songs / 23
32 / Ինչու՞ չեն խոսում երգերը: • Why do the songs not speak / 33
40 / Եվ մարդիկ կարծես աշխարհ են գալիս • And men are born it seems / 41
52 / Ոչ թախիծ էր կարծես... • Nor was it sorrow, it seemed / 53
60 / Անտերները տիրավոր են դառնում • The abandoned become slaves / 61
66 / Մենք կատարյալ կեղևների մեջ ենք • We are in perfect shells / 67
72 / Տվե՛ք ինձ իմ աչքերը • Give me my eyes / 73
76 / Մեկը տխուր է • One is in sorrow... / 77
86 / Պատգամ • Message / 87
90 / Ով իմ սուրբ աշխարհ • O my sacred land / 91
96 / Հոգեհանգիստ • Requiem / 97
98 / Վերջերգ • Epilogue / 99

Biographical Notes / 100

INTRODUCTION

In terms of the conventional definition of genocide, two of the most heinous crimes committed during the last century are what is now known as the 'Holocaust', which needs no further comment here, and the determined eradication of the Armenian nation by the Ottoman regime in the period leading up to, and ending with, the Battle of Marash (now in western Turkey, but at the time, disputed territory) in early 1920. A final act of barbarism took place as the French retreated from the city of Marash (which was still under their watch) when the Turkish army, on the orders of Mustafa Kemel Pasha (Atatürk), massacred 12,000 refugee Armenians.

No-one, whether Ottoman or ally, can claim any moral high ground in this matter. The fact is that these unacceptable acts of war perpetrated in Eastern Turkey and western Armenia became public knowledge world-wide, to such an extent that, in 1915, the acts of the Turkish army and the resultant suffering were fully discussed in the British parliament, and Armenian Genocide Relief funds were set up in America and Australia.

Of course, all wars, however 'just', will throw up stories of horror, ill-advised actions resulting from ill-advised orders and incidents of anarchy within the ranks; this, alas, is the nature of war. But where the death-toll reaches 1,500,000, with people dying by the gun, from burning, torture, ill-treatment, hunger, drowning and many other atrocities, the conflict can never be justified. As the Germans did later, the Turkish command deliberately targeted academics, doctors, indeed any person with expertise, higher education or professional qualifications, thus reducing the whole structure of Armenian society to a state of intellectual powerlessness. The number of people murdered was a massive proportion of the entire population, leaving the country not only horribly diminished in terms of intellectual power, but permanently weakened through lack of a healthy work-force. Furthermore, the re-alignment of Armenia's borders meant that the country was additionally weakened through the loss of its natural resources, not least its water.

There are very few families in Armenia now who don't have some connection to those lost in the genocide of 1915, and it should be noted that 24 April, Genocide Day, is still a day when Armenians remember the effect of those terrible times on families, villages, towns and cities – and the loss of Armenia's sacred mountain Ararat which, unaccountably, the newly formed National Government of Turkey was allowed to annex. By the end of the conflict with the Ottomans in 1920, it is thought that the number of Armenians registered as living outside the borders of their homeland more than equalled the resident population in Armenia. With a twenty-first century reappraisal, it is confusing to find that the term 'genocide' is still not universally applied to the mass deaths of this period. England and the United States of America, while accepting the historical facts and figures, refuse to accept the term 'genocide', while the state of Turkey remains unrepentant and shows no remorse.

The Armenian Diaspora is hugely important. The spread of Armenians round the globe, and their contribution to the wealth of their homeland from outside its borders, has undoubtedly helped the country to recover in economic terms. The refusal of Armenians, wherever in the world they may be, to forget the Genocide, has further strengthened Armenia in terms of national pride.

Against this backdrop, Razmik Davoyan, Armenia's best known poet, presents *Requiem*. Although originally written over fifty years ago, this long poem was never intended to be a requiem for those who perished in the

Genocide but rather an expression of pain for mankind's every-day losses, everywhere, and – in the poet's own country – for the continuing hardships that generations of Armenians experienced under the long shadow of the Genocide. *Requiem* is not a work inspired by hatred or anger; on the contrary, it is a work of hope and optimism. The poet looks beyond the Genocide, to the 'other' side, the side that speaks about the people and their need for recognition, the vitality of the society, the almost religious (as opposed to nationalist) fervour with which Armenians view their land. Of course, the Genocide can never be forgotten and it may take another century for it to be forgiven, but *Requiem* serves as a reminder of the national psyche and of how the people of the 'Republic of Mountainous Armenia' are the soul of the land; they are a people whose swords are their pens, whose words and language are their guns, and whose humility is their strength.

Tony Ward

REQUIEM
ՌԵՔՎԻԵՄ

ՄԵՆՔ ԽՈՍՈՒՄ ԵՆՔ ԿՅԱՆՔԻ ՀՐԱՇՔՆԵՐԻ ՄԱՍԻՆ

Մենք կյանքից ձանձրացել ենք,
Սակայն հավաքվելիս
Միշտ խոսում ենք կյանքի հրաշքների մասին:

Ամայության վրա
Փռված գիշերների
Անթև երազներով,
Մինչև դատարկության գագաթները ելած,
Եվ այս կյանքի ամենախոր անդունդների միջից
Մենք խոսում ենք կյանքի հրաշքների մասին

Մեր մեղքերի առջև
Մենք խոնարհ ենք, ինչպես մի սևամած գիշեր
Արեգակի առաջ…
Օ՜, խղճալի գիշեր,
Քո սևությամբ այնքան չթանձրացար,
Որ գեթ մի շող ճերմակ լույս արձակեիր,
Մի շող ճերմակ լույսով
Կարող էիր լցնել միլիոնավոր աչքեր,
Միլիոնավոր հոգիների
Վանդակապատ տրտմությունը կծակեիր,
Միլիոնավոր խոհերի մեջ
Կկանգնեիր հզոր միջնասյան պես
Եվ տիեզերքը կառանցքեիր:

Իսկ հիմա-
համբուրելով խավարիդ թաց շուրթերը,
Ես զգվում եմ քեզ.-
Այդ քո անհուն, անվերջ դատարկությամբ
Դու չես կարող լցնել մի աչք անգամ,
Մի հոգու բիբ.-
Սովորական երգի վերջին տողը լինել,
Սովորական աստծո ապաստարան,
Սովորական կրքի համար՝ եղեռնական,

WE SPEAK OF THE WONDERS OF LIFE

We are bored with life
Yet when we meet
We speak of the wonders of life.

With the wingless dreams
Of night
Spreading over the emptiness,
Reaching the summit of emptiness,
Descending life's deepest hollows,
We speak of the wonders of life.

We are humbled
Before our sins like a dark night
Before the sun…
Oh, pitiful night
You couldn't thicken your darkness enough
To flash a ray of white light,
A single ray which
Could have filled a million eyes
And covered the imprisoned sorrow
Of a million souls.
You could have stood at the very centre
Of a million thoughts
And been the axis of all.

Yet –
    Kissing the wet lips of your darkness
I embrace you –
Your infinite, endless darkness
Cannot fill a single eye,
Or the core of a single soul –
Cannot be an ending to the ordinary song,
A sanctuary for the ordinary god,
A criminal for the ordinary madness,

Սովորական պոռնիկների համար՝ ճայն առնական,
Սովորական կանանց համար՝ կանացիություն
ավանդական,
Սովորական կյանքի համար
Դու չես կարող լինել
Իր տխուր կամ ուրախ վերջաբանը՝ իր ապագան,
Այնքան որ քիչ ես, սովորական:

Մենք կյանքից ճանճրացել ենք.
Բայց խոսում ենք կյանքի հրաշքների մասին:

*

Հարազատներս, ահա, շարված են իմ կողքին,
Նրանք հավերժության լողորդներ են մի-մի,
Նրանց դեմքերի մեջ կա հալվող մի կարծրություն,
Որ ես իմ աչքերով տեսնում եմ, թե ինչպես
Իրենն է դարձընում,
Ներլուծում է, տանում,
Կպցնում է իրեն ժամանակը հիմի:
Ժամանակը նրանց բերում է իմ առջեւ,
Նրանց հայտնությունը անակնկալ
Ցողցողում է բույրեր շրթունքներիս դողդոջ.-
Հարազատնե՛ր, տխու՛ր հարազատներ,
Ու՞ր եք կորչում այդպես, ու՞ր եք ցնդում ողջ-ողջ…
Ուր եք գնում… ահա՝
Նրանք հավքերի պես թռչում են իմ ձեռքից.-
Նրանց լուռ աչքերից,
Ինչպես կարոտների աննյութ, անծայր ժապավեններ,
Այս աշխարհի բոլոր փողոցները
Դուրս եմ քաշում
Ու փռում եմ նորից երկրագնդի վրա
Եվ փոշոտ հետքերս թողնելով քայլում եմ
Հալված սև աչքերի ասֆալտի վրայով.-

A masculine voice for the ordinary whore,
Common femininity for the ordinary woman,
You cannot be
The happy or tragic end
For the ordinary life,
Cannot be its future,
You who are so far from ordinary.

We are bored with life
Yet we speak of the wonders of life.

*

My relatives are lining up beside me now,
Each a swimmer in eternity,
The stiffness of their faces is fading –
Time swallows it up
Before my very eyes,
Taking it, absorbing it,
Here, now, binding it to itself.
Time brings them to me,
And their unexpected appearance
Sprinkles a sweet taste upon my quivering lips.
My relatives, my shadowy relatives,
Where are you disappearing to,
evaporating alive…?
They fly from my hands like birds.
From their silent eyes
Like ethereal, unending ribbons of yearning
I pull
All the streets of the world
And spread them over the earth,
And leaving a trail of dusty footprints behind me
I walk over the asphalt of melted black eyes.

Նրանց աչքերից ես քաղաքներ եմ հանում՝
Փառաբանված
Ու մեծ.
Ու անցյալի պատմությունով հարուստ,
Ու այսօրվա կյանքով ռոմանտիկ,
Ինչպես ճերմակ պատի վրա
Հազարատոք մի սարդ,
Ինչպես խավարի մեջ շարժվող սպիտակ ձեռք,
Կամ ինչպես ես՝
Արարատի գլխին,
Նախնադարում,
Մի նավակով,
Մենակ,
Ջրհեղեղից փրկված:

Նրանց աչքերից ես քաղաքներ եմ հանում,
Եվ տեղը մնում է
Հին քաղաքի գիշերային կապույտ լռությունը
Եվ լռության մեջ՝
Ինչպես վանականի խցում,
Իր երգերը կարդացող պոետի ձայն,
Մնում է մոռացված սալարկ փողոցների
Սալիկներին լուծված տրտմությունը,
Մնում է չծնված ակնակիր մառախուղը՝
Մոռացությամբ ապրող ծովերի մեջ թաղված,
Մնում են անձրևի սև թիկնոցները
Սպիտակ պատերին՝ կախիչներից կախված...
Մնում է.-
Մի մերկ աշխարհ, Երկիր՝
Սարքած զգացմունքից,
Եվ դեմքերի վրա՝
Լույսով շրջանակված երկու մթություններ՝
Կարոտներից շաղված:

I pull cities from their eyes,
Exalted cities
Vast,
Rich with past history
And today full of the romance of life
Like a thousand-legged spider
On a white wall,
Like a white hand moving in the dark,
Or like myself
        On the peak of Mount Ararat,
        At the beginning of time,
        On a boat,
        Alone,
        Saved from the flood.

I pull cities from their eyes
And in their place there remains
The nocturnal blue silence of the old city,
And in that silence,
Like the voice of a poet reading his words
In the monk's cell,
Diluted with stones of forgotten cobbled streets,
There remains sorrow,
There remains the unborn fog
Buried in unknown seas,
Black raincoats, hanging from pegs on the walls…
There remains –
        A bare world, Earth
Made up of feelings,
And on faces
Two points of darkness framed in light
Woven from yearnings.

Անձրևի թիկնոցները հագնում են մեզ.
Նրանց համար դեռ կա
Մի հարազատ անձրև,
Եվ հարազատ, քան թե
Այս պատերը ճերմակ,
Կախիչները խոնարհ
Եվ մենք:

Եվ մենք մեր ուսերին
Գլուխների տեղակ շանթարգելներ առած,
Դուրս ենք գալիս՝ բոլոր
Անկապ փողոցները կապկպելու իրար,
Որ ստանանք մի մեծ, ամբողջական աշխարհ՝
Թարթիչների վրա նստած սֆինքսներով,
Թափանցիկ կոպերի ստվերներում պառկած
Կանանց մարմինների պատարագով,
Ձեռքերի մեջ սեղմած ռիթմերի
Անսամձելի կյանքով,
Մեր կողերում,
Մեր աչքերում ապրող
Միլիոնավոր անմեղ մանուկների
Լույսից չվախեցող
    Բացված աչիկներով
    Բացված շրթունքներով...
Մենք խոսում ենք
  Կյանքի
  Հրաշքների մասին:

The raincoats wear us.
For them true rain still exists,
Truer than these white walls,
These humble pegs
And us.

And we, with lightning conductors upon our shoulders
As heads,
Emerge to tie
All the unconnected streets together
To make one whole, wide world
With sphinxes crouching on eyelashes,
With the solemn Mass of female bodies
Lying in the transparent shadows of eyelids,
With the unstoppable life of rhythm
Squeezed in our hands,
Unafraid of the glow
Of millions of innocent children
Living in our sight
Within our bodies,
    With small, open eyes
    And open lips
We speak of
    The wonders
    Of life.

ԵՐԳԻ ՈՒՐՎԱԿԱՆԸ

Խեղանդամված երգի առասպելը բոբիկ
Եվ մի լլկված կնոջ ուրվականի նման
Թափառում է համատարած սև ամպերի վրա՝
Իր ճերմակ հետքերը
Թողնելով նրանց մեջ,
Նրանց ցցուն կրծքին,
Որը պայթելու չափ լիքն է անգիտությամբ
Եվ չպայթելու չափ՝ ամրակեղեն:
Ո՞ւր է Արարիչը,
Որ խեղդվելով մթից
Գոռաց՝
«Եղիցի լույս...»,
Եվ «Լույս եղև»:
Գոռաց՝
«Համակարգվիր քաոս...»,
Իսկ քաոսը, որպես կարգավորում,
Խճճվում էր անվերջ ինքը իր մեջ,
Ընկնում էին բոլոր գոյություններն հաստատ,
Ու նրանց մերկ տեղում,
Նրանց ողբերգական, անապաստան տեղում
Բարձրանում էր մի նոր՝
Լեգենդների աշխարհ:

Խեղանդամված երգի առասպելը բոբիկ,
Եվ մի լլկված կնոջ ուրվականի նման
Ինքն իրեն է փնտրում քաոսի մեջ:

Հավանական Աստված:
Հավանական Ոգի:
Եվ ճշմարիտ մի երգ՝ խեղանդամված ճերմակ մի ուրվական.-

Իրենց սև ձեռքերով քո կողերից կառչած
Քարշ են տալիս գիշերների եզերքներից եզերք,
Իրենց մետաղային,

THE PHANTOM OF SONGS

The crippled myth of songs roams barefoot,
Like the ghost of a tormented woman
Over widespread dark clouds,
Leaving its white marks
Upon them,
Upon their puffed up chests,
Full of ignorance – enough to explode –
But thick-skinned enough not to explode.
Where is the Creator who,
Stifled by the darkness,
Cried:
"Let there be light…
And there was light."
He cried:
"Chaos, harmonize."
But chaos was whirling, too confused
To find harmony,
Solid creations were crumbling
And in the void,
In the tragic unsheltered void,
A new world of legends
Was rising.

Barefoot, the crippled myth of songs,
Like the ghost of a tormented woman,
Is seeking itself in the chaos.

A mythical god,
Mythical spirit.
And a true song, a crippled white ghost.

Holding onto your waist with their evil hands
They drag you about in the realms of night,
They reach for the last breath in your blood

Սառը ճակատներով
Հպվում են քո արյան վերջին շնչին,
Գգվում են քեզ մի պահ ու անկարոտ ոգով,
Մետաղային խոնավ մի տրտմությամբ…
Գգվում են քեզ…
        Իսկ դու…
Քո կարոտը հիմա տափակում է կրծքիս
Երկրագնդի բոլոր ջրերի պես,
Մի ծանրությամբ, որ հենց այս վայրկյանին
Կարոտները սանձող ձեռքս ունի…

Կարոտում եմ, օ՜, ես, քո լուսեղեն ոգուն,
Ստեղծագործող կրքին,
Կարոտում եմ՝
Մեռնող երազների կատաղությամբ.-
Եվ քո ճերմակ ուրվականի
Կոնքերը տաք
Շոշափում են ահա իմ մատները դողով.-
Կարոտում եմ,
Եվ իմ
Նախամարդու մարմնի շինվածքը հողեղեն
Ճաքճքվում է հազար միլիոն տեղով:
Գգվում են քեզ…
Մինչ մենք
Անքուն գիշերներին,
Գլուխներս կապույտ առաստաղից կախած,
Սուրճի բաժակներում
Որոնում ենք լույսի
Բռնաբարված,
Լքված մի շող,
Որ ինչ-որ տեղ, ինչ-որ բանի վրա
Մեր նուրբ երազները կարողանանք հյուսել:

Ու մենք դարձանք հետո
Խստացրած ստվերների մի դամբարան:

With their cold
Metallic foreheads,
They embrace you with an unloving coldness,
With a metallic clammy sorrow...
They embrace you...
    And you...
My yearning for you weighs down on my chest
Like all the waters of the Earth,
And with the same weight my hand
Harnesses this yearning
This very moment...

Oh, I miss your luminous spirit,
Your creating passion,
I miss them
With the anguish of fading dreams
And my quivering fingers
Touch the hips
Of your white ghost.
I miss them,
And the structure
Of my earthly primeval self
Cracks in a thousand million ways.
They embrace you
While we,
Our heads hanging from the blue sky
Through sleepless nights,
Seek, in coffee cups,
A tortured,
Abandoned ray of light
On which to weave
Our delicate dreams

And then we became a grave
For darkening shadows.

Մեր սիրտը –
Բոցավառ մի ստվերն է
Մի կապույտ թռչնի:
Մեր հոգին-
            Գիշերների լռությունը ճեղքող
            Կարծր մի լռություն:
Մեր կողերը-
            Ջարդված ստեղնաշար
            Մի հին երգեհոնի,
Որի վրա ոչ ոք չնվագեց երբեք
            Սիրո մի պատարագ:

Մենք ամպերի ցնցուղն առած մեր ձեռքերին
Ջուր ցնցղեցինք այրված հոգիների վրա.-
Մեր աչքերը դարձան գոլորշիացող,
Դարձան մշուշների անդունդ քարանձավներ…

Գգվում են քեզ…
Իսկ մենք-
Մեր կարոտը կախաղան ենք հանում
Մեր սեղանի վրա,
Նստում նրա առջև՝
Վերջացրած երգը նորից սկսելու,
Վերջացրած տխուր մի զգացմունք
Նորից վերջացնելու,
Վերջացրած մի միտք՝
Ամպերի ծվենների նման նորից գզգզելու:

Ողորկ մեր շուրթերը,
Ու բառերով հղկված,
Ու բարբարոս,
Հղի
Ամեն վայրկյան պայթող մի լռությամբ.-
Նրանք տենչում են քեզ,

Our heart
Is the flaming shadow
Of a blue bird.
Our spirit,
     An unyielding silence
     Which pierces the still of the night.
Our ribs,
     The shattered keyboard
     Of an old organ,
On which a Mass of love
     Was never played.

With the clouds in our hands
We sprinkled water over burning spirits,
Our eyes became deep caves
Of vaporizing mist…

They embrace you…
But we
Take our dreams to the gallows.
Seated at tables,
We appear before them
To sing again a song that has finished,
To conclude
A feeling of sorrow that has ended,
To shred a thought that is no more
Into streaks of clouds.

Our delicate lips,
Refined by words,
Barbaric,
Pregnant
With a constantly exploding silence,
Long for you,

Ու կարոտը ցեղի
Մոլեգնում է կրկին երգերի մեջ՝
Անկաղապար, անհանգ՝

«-Լապտերների մեջ ճոճվում են ծառերը,
Նրանց տերևները խոնավ են
Մի աղջկա արցունքներից,
Որ իր ստվերի հետ լացել է այս գիշեր,
Մի տղայի լռությունից,
Որ լռել է անգամ քնած պահին:

Երկնքում՝ հավերժ կենդանի լուսնի դագաղն է:

Լապտերների մեջ ծառերը ճոճվում են:
Եվ նրանց շուրջը տասնյակ սրտերի պես
Հավաքվել է նույնքան բազմալեզու թռչուն,
Նրանք լուռ են,
Որքան
Լապտերն է լուռ՝
Լուսնի դագաղի մեջ.

Մենք անաղմուկ ու լուռ,
Կեսգիշերվա կեսին,
Մենք մեզ ընդառաջ ենք գնում...

Լապտերների մեջ ծառերը ճոճվում են.
Լապտերների մեջ ծառերը ճոճվում են.
Լապտերների մեջ ծառերը ճոճվում ենե...

*

Երգի կարոտը մեզ հիվանդ է դարձրել:
Մենք երգի հիվանդներ ենք:
Մենք մի երգ ունեինք, որ երգում էինք առավոտ, իրիկուն,
երգում էինք սահմանների վրա, քարերին երկինքը տխուր

          And the destitution of a race
Rages in the songs again;
      Unstructured, unrhymed.

"Shadowy trees are swinging in the lantern,
Their leaves are damp with the tears of a girl,
Who cried with her shadow tonight,
Because of the silence of a boy,
Who remained silent even in his sleep.

In the sky is the coffin of the immortal moon.

The trees are swinging in the lantern,
And around them, birds who can sing in a myriad tongues,
Have gathered like hundreds of hearts.
They are as silent
As the lamp
Itself
In the coffin of the moon.

Silent,
   At midnight
We go to greet ourselves...

     The trees are swinging in the lantern,
     The trees are swinging in the lantern,
     The trees are swinging in the lantern..."

   *

The need for songs has overwhelmed us,
We have become song sick.
We had a song which we sang in the morning, in the evening, we sang it above cascades of waters, upon seeing

էր կամ ուրախ, երբ ճանապարհները չէին մտածում փրկել մեզ, և լսում էինք այդ երգը մեր քնի մեջ՝ մեր հոգին երգում էր մեզ համար:

Եվ մի անհավատ քոչվոր, բոլոր անակնկալները թողած մի կողմ, հանկարծ կանգնեց մեր առջև և ասաց՝ «Ձեր երգը երգված է»:

Մենք չհավատացինք, իսկ նա ասաց՝ «Ձեր երգը երգված է»,- հետո լրջորեն ժպտաց մի ուրիշը, թե՛ նրա ստվերն էր: - «Ձեր երգը երգված է»:

rocks, when the sky was sombre or when it was carefree, when the roads were indifferent to our safety – and we heard that song in our sleep, our souls sang it for us.

And a faithless nomad, having brushed aside our expectations, suddenly stood before us and said, "Your song is over".

We didn't believe him, but he said "Your song is over" – then someone smiled seriously, or was it his shadow? "Your song is over."

ԻՆՉՈՒ՞ ՉԵՆ ԽՈՍՈՒՄ ԵՐԳԵՐԸ

Ինչու՞ չեն խոսում երգերը:
Մի՞թե նրանք տառապել են ավելի
Քան մարդիկ,
Մի՞թե մենք չհորինեցինք
Նրանց ձևերի խստությունը՝
Քնքշանքի,
Կարկցանքի,
Սիրո,
Մոռացության,
Ցավի ու դիպվածի
Թևերին մելանխոլիկ,
Որ մենակության մեջ չծամենք մեր շրթունքները:

Մի՞թե այդ մենք չէինք,
Որ տվեցինք նրանց
Մեր ձայնի խստությունն առևանգող,
Մեր տխրությունն անանց,
Մեր հոգու մերկությունը անքող,
Կործանող պատկերները կանանց,
Տվեցինք ամեն ինչ, որ կար.
Որ թավալվում էր արյան մեջ մեր հին,
Որ պահաջում էր կորով ու քանքար.-
Եվ մեզ օրորելով՝ ապրեցնում էր դարձյալ
Անդունդների զեհին:

Խավարից մի փոքրիկ մաս
Հազանք մեր մերկ մարմնին՝
Արշալույսի առաջ մերկ չելնելու համար.-
Արիավիրքի պահին
Մենք մերը համարեցինք
Արևի շլությունը,
Ջրերի խլությունը,
Անապատի զարհուրն ինչպես

WHY DO THE SONGS NOT SPEAK?

Why do the songs not speak?
Have they suffered more
Than men?
Was it not us who invented
The complexity of their forms
Upon the melancholy wings
Of pain and chance,
Of grace,
Of sympathy,
Of love,
Of oblivion,
In order not to torture ourselves in our solitude?

Was it not us
Who gave them
The ravishing strength of our voices,
Our never-ending sorrow,
The shameless nakedness of our souls
The devastating images of women?
We gave them everything there was,
Rolling in our ancient blood,
Demanding endurance and flair,
Rocking us,
Making us live by the edge of the abyss again.

We drew a small part of darkness
Over our bodies
So as not to appear naked
Before dawn –
In the hour of darkness
We considered ours
The blinding sun and
The deafness of the valleys,
As the horror of the desert

Մեր սրտի մեջ քամես...
Ամեն ինչ համարեցինք,
Ամեն ինչ ունեցանք մենք,
Եվ ոչինչ չմնաց մեզ:

Ինչու՞ չեն խոսում երգերը...

Մենք միշտ էլ ասում ենք, թե տխուր ենք,
Մենք միշտ էլ կարող ենք
Կրկնել, թե՝ ուրախ ենք.-
Եվ ճիշտ է, որ քիչ ենք սիրում մենք երգերը.-
Մենք միշտ էլ երգում ենք.-
Սակայն չենք հավատում,
Թե թափուր չեն մնա
Մեր սիրտը, մեր հոգին,
Աչքերը,
Ձեռքերը,
Մեր փոքրիկ մահճակալն ու փոքրիկ երկիրը...

Երգում ենք:
Լռում ենք:
Լալիս են երգերը:

*

Քարանձավները ժպտում են արցունքներով:
Մաքուր արցունք է նրանց ծիծաղը...
Մենք մեզ հետ արցունքների արձագանքն ենք տանում:
Մենք ասում ենք մի Խոսք-
Արցունք-
Ճշմարտություն:

Տեր ճշմարտություն.

Dripped into our hearts…
We considered everything our own,
We had everything
And were left with nothing.

Why do the songs not speak?…

We are always saying that we are serious,
We're always repeating
That we are merry –
But the truth is, we seldom like songs –
We are always singing,
But can't believe
That our hearts, our souls,
Our eyes,
Our hands,
Our narrow beds, our tiny motherland,
Will not remain empty…

We sing.
We keep silent.
The songs are weeping.

   *

The caves smile through tears.
Their laughter is pure tears…
We carry the echo of tears with us.
A Word-
      Tear-
           Truth.

Lord Truth.

Մեզ մի ժանտ կայծակ
Ճեղքել է մի օր
Դարավոր կաղնու կիսված բնի պես:
Բայց արմատներով
Իրար ու հողի մեջ ենք ներհյուսված-
Եվ մեր ապրելու
Դաժանությունն ու գեղեցկությունը
Կիսել ենք արդար,
Եվ մեր հավատը արդար ենք կիսել,
Եվ մեր երազը արդար ենք կիսել:-
Երկնի կապույտի
Անհաշտությունը մեր հոգիներին
Երկար չի տևի:
Երկինքը շուտով կկապի նորից,
Մի ծիածանե նարոտ կկապի՝
Որպես հաշտություն մի բիբլիական:

*

Իմ մահճակալից կախված իմ ձեռքը
Իմ տրտմությունն է,
Եվ իմ մատները՝ արցունքի շիթեր:

«Մեզ մի մոռացիր,
Եվ հիշեա մեզ, Տե՛ր»:

Մեր ջարդված հոգու ամեն մի հյուլեն
Կենդանությունն է հավիտենական,
Որից դարի և գալիքի համար
Երգեր կծնվեն՝
Եվ ողբերգական, և կոմիկական.-
Եվ լաց կլինեն,
Եվ կծիծաղեն,

A fierce flash of lightning
Split us one day
Like the trunk of an ancient oak tree,
But we are intertwined
By our roots
With each other and with the earth –
And we have shared
The harshness and beauty
Of our lives,
We have shared our faith
And our dreams –
The conflict between the clear blue sky
And our souls
Will not last for long,
Soon the sky will again form
A rainbow arch
As a sign of a biblical reconciliation.

*

My hand, as it hangs from my bed,
Is my sorrow,
And my fingers are tears.

*"Do not forsake us,
Remember us, Lord."*

Every fragment of our shattered souls
Is eternal life,
From which songs
Tragic and joyous
Will be woven for a future age,
Songs that will weep,
Will laugh,

Եվ կքրքջան հրդեհ կոնքերով,
Մատներով մորճիկ,
Շուրթերով մարջան
Եվ շեկ մազերի շիկավուն բոցով,
Եվ կքրքջան մեզ հասկանալու
Խելագարության անորոշ լացով:

Մեզ մի մոռացիր,
Եվ հիշեա մեզ, Տեր,
Տեր ճշմարտություն:

Will giggle, with hips aquiver,
Twig-like fingers,
Coral lips,
And with red hair flaming.
They will shriek with an unknown pain
At the insanity of understanding us.

Do not forsake us,
Remember us, Lord,
Lord Truth.

ԵՎ ՄԱՐԴԻԿ ԿԱՐԾԵՍ ԱՇԽԱՐՀ ԵՆ ԳԱԼԻՍ...

Տեր ճշմարտություն...
Մարդիկ քո անվամբ իբրև թե հպարտ,
Իբրև թե հզոր և անխոցելի՝
Իրարից քիչ-քիչ հեռու են քայլում,
Դեմք են շուռ տալիս.
Կույր երազների անմտության մեջ
Հարթ ճակատները բախում են իրար,
Ընկրկում են ետ
Եվ ընկնում են միշտ
Թիկունքում պահված սրերի վրա:

Եվ մարդիկ կարծես աշխարհ են
Որպես մարդասպան,
Կամ որպես նրանց հետապնդողներ:

Ու «թեև մենք էլ անասունների հոտերի նման
Կապված ենք մահին».
Մի՞թե ավելի չէ երկարակյաց
Մեր ստեղծածը,-
Եվ անչափելի ժամանակի ծույլ,
Անտանիք, անդուռ
Եվ անպատուհան տարածության մեջ
Մի՞թե մեր ազնիվ դեմքը չի հոսում՝
Մեր ստեղծածի հյուլեին կպած:
Մի՞թե անօգուտ երազել ենք մենք
Եվ մնացել ենք հավիտյան ունայն՝
Մեր նկրտումի թևերում անզոր,
Մեր կարոտների հիվանդ մորմոքում,
Մեր հոգիների փակ դռների մեջ,
Մեր հույսի խաբված արտացոլանքում-

Մի՞թե անօգուտ երազել ենք մենք
Եվ մնացել ենք հավիտյան ունայն

AND MEN ARE BORN, IT SEEMS

Lord Truth…
As if proud of your name,
As if powerful and invincible,
People walk at a distance from one another,
Looking away from each other.
They bump foreheads
In the mindlessness of sightless dreams,
And always
Fall back
On the swords held behind them.

And men are born it seems
As murderers
Or as those pursuing them.

And "although we too are tied to death
                              like herds of cattle"
Is it not true
That our creations
Live longer than us?
And in the lazy
Roof-less, door-less,
Window-less spaces of immeasurable time
Does not our noble face move
With the very essence of those creations?
Have we dreamt in vain?
Have we remained forever empty
In the helpless arms of our efforts
In the sickly pain of our yearning
Behind the closed doors of our souls
In the deceived reflections of our hopes?

Have we dreamt in vain?
And remained forever empty

Խումբ-ընտրյալների անապատի մեջ:
Տե՛ր ճշմարտություն.
Մենք քեզնով լցված փակ անոթ էինք,
Երբ դատարկ էին դեռ մեր աչքերը,
Փոքրիկ աչքերը՝
Անգիտակ ու փակ
Մեծ արևի դեմ:

Եվ ժամանակը
Արևազալի ձեռքերով ոսկե
Բացեց կապտամութ գիշերվա առաջ
Մեր աչքերը փակ.-

Եվ ինչպես հեղեղ՝ զահավիժանքով
Եվ հորդանալով անաստղ գիշերվա խավարի նման
Աշխարհը իր չորս ծագերից լցվեց
Մեր աչքերի մեջ.-
Հորդացավ հեղեղ
Դեպի մեր հոգու անսահմանն ամա,
Դեպի մեր սրտի ընդգրկող հեռուն.-
Լցվեց անզգույշ իր գեղեցկությամբ,
Միայն ու միմիայն իր գեղեցկությամբ:

Լուսազարմ էինք և ազատածին.-
Ամենամեծը երկինքն էր դարձյալ,
Ամենաշատը և անմատչելին երկինքն էր նորից,
Ամենաազատն ու անչափելին երկինքն էր դարձյալ.-
Երկինքն էր նորից սերն ամենամեծ:

Կյանքը մեզ համար
Անկապ-անկապանք ստինքն էր մեր մոր,
Մեր աստվածամոր
(Մենք Աստված էինք),

In the desert of the chosen few?
Lord Truth,
We were sealed vessels filled with you
While our eyes remained empty,
Our small eyes
Ignorant and closed
Before the great sun.

And with the golden hands of dawn
Time
Opened our eyes
Closed before the blue darkness of the night.

Pouring down like a flood
And ebbing like the darkness of starless nights,
The world flowed
Into our eyes
From all sides.
The flood rushed
Towards the uninhabited boundlessness of our souls,
Towards the enfolding distance of our hearts –
It poured with careless beauty,
And with beauty alone.

We were born out of light and freedom
The sky was still the greatest of all,
The sky was still boundless and unreachable,
The sky was still the ultimate freedom
The sky was still the greatest love.

For us, life was
The free, unrestrained breast of our mother,
Our Madonna
(We were God),

Որ թվում էր, թե մինչև կյանքի վերջ
Պիտի ծծեինք:
Մեզ անծանոթ էր
Մահը
Եվ մահվան անհայրատ ոգին:
Իսկ ուրիշները, որ քայլել էին
Զարդված օրերի գիշերվա միջով,
Եվ իրենց նիհար սրունքների հետ
Քարշ էին տվել ողորկ ճամփաներ,
Որ կախվել էին իրենց սեփական
Կոկորդների մեջ՝
Իրենց ձայների կախաղաններից,
Եվ իրենց լեզուն ոլորել էին պարանի նման,
Կապել սեփական ատամնաշարի
Տափակ սյուներին.-
Այդ ուրիշները բարձր ձայներով
Ողբեր ողբացին,
Թե՝ հավատացեք, մահ կա աշխարհում:

Անժպիտ արցունք
Թափեցին թավշե մեր ափերի մեջ՝
Մահ կա աշխարհում:

Մեր ժպիտները
Կախվեցին գունատ մեր շրթունքներից
Կոտրված, թոշնած ծաղիկների պես՝
Մահ կա աշխարհում:

Սրեր ցույց տվին,
Տեգեր, նիզակներ,
Ապա ականներ ցույց տվին հատ-հատ,
Արկերի լեռներ,
Բլուրներ խոսքի
Եվ հայացքների գոսացած կույտեր՝
Մահ կա աշխարհում.-

And it seemed that we could feed on it
Till the day we died.
Death
Was unknown to us
As was the foul spirit of death.
And others, who had walked
Through the nights of shattered days
Dragging smooth roads along
With their thin legs,
Hanging within their own throats
From the gallows of their own voices,
Their tongues twisted like ropes,
And fastened to the pillars of their teeth –
Those others lamented
In a loud voice
Saying: Believe us, death does exist.

Unsmiling,
They shed tears over our velvet palms:
Death does exist.

Our smiles hung frozen from our pale lips
Like battered, wilted flowers:
Death does exist.

They uncovered swords,
Pikes, arrows,
Then, one by one, they uncovered mines,
Mountains of explosives,
Mounds of words
And rotting piles of piercing glances:
Death does exist.

Ապա հրթիռներ
Ցույց տվին իրենց
Միշտ անգերազանց սլացքների մեջ՝
Մահ կա աշխարհում:

Ու թև կյանքում բաներ կան, որոնց
Մենք չենք հավատում
Ու չենք հավատա,
Բայց անկապտելի մահվան գոյության
Մենք հավատացինք:

Եվ իրոք, որ կա մի մահ բնական,
Որ զարհուրելի չէ բնավ այնքան,
Որքան ողբերի աղաղակներում,
Հայացքների մեջ,
Սրերի սայրին,
Եվ հրթիռների փայլի մեջ զնգուն:

Կա մի մահ, որ լուռ, անստվերագիր
Պառկում է անդարձ
Ճերմակ մազերի ալքերով հոսող
Դաշտերի վրա,
Պառկում է թափուր երազների հետ,
Թափուր ձեռքերով՝
Անվրդով, ինչպես պաղ ցայգալույսի
Ժայռերը գունատ,
Անտրտունջ, ինչպես հողին շղթայված
Լեռները բոլոր,
Անկապանք, անշարժ,
Անխաբ-հողի պես:-

Մարդկության կեսը,
Որ սպանում է այն մյուս կեսին,
Խեղում է մահվան գեղեցկությունը,

Then they
Uncovered missiles
In their incomparable flight:
Death does exist in the world.

And although there are things in life
Which we don't believe
And won't believe,
We came to believe in
The inevitable existence of death.

A natural death does exist,
But never as fearsome
As the cries inherent in lamentation,
Or a terrified look
Or the naked blade of a sword,
Or the bright shine of missiles.

A death which lies silent, absolute,
Over meadows
Flowing in waves of white hair,
A death, along with empty dreams
And empty hands,
From which there is no return.
It is as devoid of emotion as the pale rocks
Of a cold dawn,
As uncomplaining as all the mountains
Chained to the earth,
This free, firm,
Undeceiving earth.

The half of mankind
That kills the other half,
Kills the beauty of death,

Երազն է խեղում՝
Արյունոտելով կարոտի լույսը:

Մեկտեղ սպանված
Մահվան ու կյանքի զարհուրանքն է, որ
Ջրել է բոլոր եղերերգերից,
Ողբերից աղի,
Մեռնող ձանձրույթից,
Օրերից անվեճ.-

Օ՜, այս բոլորը ակնթարթորեն
Մեռնում են մեկտեղ՝
Մեկտեղ սպանված մահվան ու կյանքի
Զարհուրանքի մեջ:

*

Վախկոտ մտքերը քայլում են տխուր
Մեր երակների
Կարմիր ու կապույտ ճանապարհներով:
Գնում անհաստատ,
Եվ սայթաքում են՝
Ժայռերին հպվող մառախուղի պես:

Ուր էլ որ գնան.
Կես ճանապարհին կմնան անուժ,
Կնետվեն ցածում իրենց սպասող
Մերկ ավիններին:

Թե թռիչք է պետք՝
Մենք արմատահան թև ենք ցույց տալիս:

Թե հայացք է պետք ամենաթափանց՝
Մենք շոշափում ենք փակ ակնագնդեր,

Kills dreams,
Staining the brightness of longing with blood.

The horror
Of the simultaneous murder of Life and Death
Is more powerful than all grieving,
All tearful mourning,
Terminal boredom,
Uneventful days –

Everything perishes
In an instant
Through the horror
Of the simultaneous murder of Death and Life.

*

Cowardly thoughts walk in sadness
Along the blue and red paths
Of our veins.
They walk unsteadily
And they falter
Like the fog rolling over the rocks.

Whatever their path,
They will become exhausted midway,
They will fall onto the
Bare bayonets awaiting them below.

When flight is required
We find severed wings.

When seeking sight,
We discover closed eyes.

Ու թե երգ է պետք՝
Մենք ցույց ենք տալիս
Մեր կոկորդների գեղեցկությունը,
Որոնք տրտմորեն լուռ են ու համր,
Ոչ մի լիարյուն երգ չեն խոստանում:

Թե հաղթել է պետք՝
Մեր պարտությունը
Անապարանքով պարզում ենք առաջ
Ու հոգնածորեն... հանգստանում:

And when songs are needed
We find
The beauty of our throats,
Dreadfully silent and mute,
Promising no stirring songs.

When victory is necessary
We quickly offer
Our defeat
And exhausted… we rest.

ՈՉ ԹԱԽԻԾ ԷՐ ԿԱՐԾԵՍ...

Եվ ջերմության կանաչ մամուռների վրա
Գլգլում էր ջուրը՝
Քնի, երազի մեջ մեր ծիծաղի ձայնով:

Հնձանների խեղդող տաքությունն էր հոսում
Մամուռների վրա,
Եվ լեռներում ծնված մանուկների ձայնից
Թպրտում էր ջուրը
Մեր թափանցիկ խոհի, մեր մատների միջին:

Այդ որտե՞ղ էր և ե՞րբ...

Մոռացության այդ ո՞ր հորիզոնի վրա
Ճեղքված ծնծղաների տափակ շրթունքներով
Կապույտ երազները հողին տալու
հուղարկավոր եղանք:

Մեր միամիտ ոգու
Աշտարակը փլվեց մեր ուսերի վրա,
Եվ մեր սիրտը դողաց մեր մարմնի մեջ
Այրված ոստանների ծխի նման:

Եվ մենք այդ կիսավեր կամարների տակին
Ծունկի եկանք հոգնա՛ծ, փլատակվա՛ծ:
Ոչ ավերակ էինք,
Ոչ շեն էինք,
Ոչ տուն.-
Ոչ ձմեռ էր կարծես,
Ոչ թախիծ էր կարծես,
Ոչ ամառ էր ու տապ,
Ոչ էլ աշուն...

Խավարի մեջ թողած ծխի նման
Մեր սիրտն անէացավ մեր մարմնի մեջ.-

NOR WAS IT SORROW, IT SEEMED...

And in our sleep, in our dreams,
Water flowed over the green moss of warmth
With the sound of our laughter.

The stifling heat of the wine-press flowed
Over the moss,
And the voices of mountain-born children
Made the water quiver
In our transparent thoughts and fingers.

Where was it? And when...?

And on which horizon of unconsciousness
Did we become undertakers, our thin lips like split cymbals,
Burying blue dreams in the soil?

The tower of our naïve souls
Collapsed on our shoulders,
And our hearts quivered in our bodies
Like smoke rising from a burnt-out settlement

And we knelt, exhausted and in ruins,
Under the broken arches.
We were not ruins,
Nor were we alive
Nor were we a dwelling-place –
It wasn't winter, it seemed,
Nor was it sorrow,
Nor sweltering summer,
Nor autumn...

Inside our bodies, like smoke in the dark,
Our individual hearts vaporized,

Մեր աչքերի տակին՝ թարշամ մանուկների նման,
Ծերի տեսքով երկու
Սրտեր եկան աշխարհ,
Կապույտ առասպելի
Թույն-թախիծով լցված
Մեր շուրթերից սրտեր կախվեցին ցած,
Մեր ձեռքերի վրա սրտեր էին դարձյալ,
Զանգած ճամփաների փոշիների միջով
Մենք քարշ էինք տալիս միլիոնավոր սրտեր՝
Մեր մի սրտի, ավա՛ղ, աճյուններից հյուսած:

Եվ կես դեմքով մարդիկ
Քայլում էին իրենց կենտ ձեռքերին խաչե խայծեր բռնած,
Քայլում էին լույսի և խավարի
Սահմանների վրա՝
Հոգով պոռնըկորեն տրված մութին,
Գնում էին որպես առաջնորդող
Եվ քարշ էին տալիս իրենց ետքից
Խաչելության պատրաստ,
Խաչելությամբ ապրող
Ամենօրյա տարտամ ժողովրդին:

Հոգիների կանաչ արոտներում ընկած
Եվ հանձնառու թիկնոց հագած առաքյալի,
Իրենց կես լինդերով
Մխում էին վերջին ծիլը վերընձյուղած:

Հոգիների կանաչ արոտների եղեգների վրա
Թքում էին երգերն իրենց այլասերված հոգու,
Նրանց մատնիչ շնչից եղեգները հույսի
Դառնում էին հազարամյա կանգնած աճյուն:

Այդ կես դեմքով մարդիկ,
Մեզ կիսավեր արած,

And from underneath our eyes, like weakly infants,
Two hearts were born
In the form of old men,
Filled with the poison, the sorrow
Of the blue legend.
Hearts hung from our lips,
In our hands were yet more hearts.
Through the dust of untrodden roads
We dragged millions of hearts
All born, alas, from the fragments of our single heart.

And men with half-formed faces,
Crosses in their bare hands as bait,
Were treading the line between light and darkness,
Having offered their souls to the night like whores.
Leading the way,
They dragged behind them the faceless crowd –
A crowd who lived for the crucifixion
And were prepared to be crucified.

Wearing the disciple's mantel of authority,
With their half-formed gums
They devoured the last shoots
Sprouting in the green fields of souls,

And spat out songs from their perverted souls
Over the souls' green reed-beds.
And under treacherous breath, these reeds of hope
Became the standing ruins of a thousand years.

And having turned us into ruins
These half-faced men

Կիսում էին ողջը՝
Ինչ եղել էր ու կար այս աշխարհի վրա:

Կիսած ճամփաների դիակների վրա
Երջանկության լեռներն էին կիսում՝
բոլոր սրտերի մեջ՝
Կիսում էին թախծի նարինջները կապույտ,
Կիսում էին խինդի արոտներից ելնող ամեն ինչյուն,
Եվ քայլ առ քայլ սև-սև սեպերն էին մեխում
Հույսի աշտարակին,
Ինչպես փայտահատը փայտ կիսելիս
Իր սեպերն է տնկում ողնաշարին կաղնու:

Այն խուլ մռնչյունը,
Որ ելնում է կաղնու որովայնից,
Այն, որ ժայռաբնակ ճարճատյուն է կարծես
Ու մերկ,
Ու անկապանք,
Ու բնության ձայնի որսված ազատությամբ՝
Այդպես դղրդում էր Աշտարակը Հույսի:

Կիսված սիրո ճեղքված երկնքի տակ,
Կիսված սիրո այգիների վրա
Մեր հավատի թռչունն ուղեմոլոր
Թպրտում էր վշտի թևերի մեջ:

Ու կիսադեմ մարդիկ
Կիսեցին այդ թռչնին
Ու կիսեցին դարձյալ,
Ու կիսեցին էլի,
Ու կիսածը նորից կեսկիսելով
Մեր հավատի սյունը դարձրին փոշի
Իրենց կենտ աչքերի հորիզոնի վրա

Started halving everything
That existed in this world.

On the remains of halved roads,
They halved the mountains of happiness
                                  In our hearts.
They halved the blue oranges of sorrow,
And every note springing from the pastures of mirth,
And bit by bit they drove black nails
Into the Tower of Hope,
Just as the wood cutter drives his nails
Into the heart of the oak to split the wood.

Like the muffled roar
Rising from deep within the oak
And sounding like crackling in a cave,
Naked
And free,
Like the uninhibited voice of nature, held prisoner,
This was how The Tower of Hope shook.

Under the split sky of a love cut in two,
Over the orchards of that halved love,
The stray bird of our faith
Floundered in the arms of sorrow,

And the half-faced people
Cut that bird in half,
They halved it again
And again,
Repeatedly halving the halves
As far as they could see with their single eye,
They turned the pillar of our faith to dust.

Հիմա մենք նստել ենք կիսված հողին,
Կիսված երազները մեր ծնկներին առել,
Եվ լուռ օրորվում ենք՝
Կես շուրթերի երգին համահնչուն:

Մեր շուրթերը հիմա ծնծղաներ են երկու-
Մեր ձեռքերի նման,
Մեր կոպերը դարձյալ ծնծղաներ են հիմա՝
Մեր աչքերի անտակ անդունդների վրա.-
Եվ մենք՝ անապատի բարկ շուրթերին ընկած,
Ոչ ավեր ենք կարծես
Ու ոչ շեն ենք կարծես
Ու ոչ էլ տուն…
Ոչ թախիծ է կարծես,
Ու ոչ մահ է կարծես,
Ոչ ամառ է ու տապ,
Ոչ էլ աշուն…

We are now sitting on the halved land,
Our halved dreams in our lap,
Rocking in silence to the rhythm
Of the song of the half-lipped.

Our own lips, like our hands,
Are now two cymbals,
As are our eyelids, closed over
The bottomless abyss of our vision –
But we, having fallen upon the desert's scorching lips,
Are not ruins, it seems,
Nor are we alive,
Nor are we a dwelling-place –
And this, it seems, is not sorrow,
Nor is it death,
Nor sweltering summer
Nor autumn…

ԱՆՏԵՐՆԵՐԸ ՏԻՐԱՎՈՐ ԵՆ ԴԱՌՆՈՒՄ

Եվ Աստված հավաքեց իր աստվածազարմ որդիներին
Եվ արքաներ կարգեց
Երկրի վրա-
Ասաց՝ կառավարեք մահկանացու մարդկանց
Բախտը անգոսնելի.-
Սակայն մոռացավ տալ
Պայծառությունն իր աչքերի,
Թրթռումը ոգու,
Որ կարող է հայել
Գիշերներից ծնվող գիշերիների
Հեռուն անվերադարձ:
Եվ մոռացավ դարձյալ
Ձայնն իր աստվածային,
Որ լույսի պես կախվում երկնի շրթունքներից
Եվ աղոթք էր դառնում՝
«Փառք ի բարձունս»:
Աստված մոռացավ տալ ձայնն իր աստվածային,
Որով երկինք տանող ճանապարհն էր գտնում
Ամեն մահկանացու:

Ոչ Աստված էր Աստված,
Ոչ արքա էր Աստված.-
Նավաբեկյալ ոգու աղաղակ էր սաստված,
Նավաբեկյալ ոգու աչք էր դժնատեսիլ՝
Ամբաստանյալ երկրի բաց ճակատին
Որպես խարա՛ն,
Կնի՛ք՝
Իր սեփական ձեռքով հավերժորեն հաստված:

*

Եվ ողջ տիեզերքում
Երկրագնդի տեղակ
Պտտվում էր մի մերկ, հսկա Կիկլոպ,

THE ABANDONED BECOME SLAVES

And The Lord gathered His godlike sons
And appointed them kings
On earth,
Saying to them: "Rule over the fate of
                                mortals."
Yet He failed to give them
The understanding of His eyes,
Or the flicker of His soul
Which could see
Nights giving birth, one to another, endlessly.

He failed to give them His divine voice
Which could hang in the sky like light,
And become a prayer –
                "Glory to God".
God failed to give them His divine voice
By which every mortal
Has found the road to heaven.

God was neither God
Nor king.
He was the scream of a shipwrecked soul
Whose terrified eyes
Are stamped on the bare forehead of the earth
As a mark,
As a stain,
Approved forever by His own hand.

    *

And in the universe,
Instead of the earth
There rotated a huge, naked Cyclops

Մի մոլեգնած, անդեմ,
Խառնատեսիլ մարմին,
Աղաղակի հախուռն ճյուղաճամփով
Հազար կողմից թափվող
Մի անիմաստ լեղի,
Որն իր զանգվածային անձույլ հոգին
Պտտում էր աչքի առանցքի շուրջ
Եվ տանում էր ինչ-որ անդառնալի հեռվում
Հավերժորեն թաղի:

Եվ կանչեցին արքաներն
Իրենց արքայորդիներին
Եվ ասացին՝
-Դուք եք տերը հիմա,
Եվ ասացին դարձյալ՝
-Տերն եք այս ամենի.-
-Եղեք ամուր,
Տերն ինքը ձեզ տեր է կարգել, արքայորդիք,
Տերն ինքը ձեզ երբեք չի մոռանա:

Արքայորդիները կանչեցի մեզ
Եվ ասացին՝
-Մենք ենք տերը հիմա,
Տերն ինքը մեզ տեր է կարգել այս ամենի,
Տերն ինքը մեզ երբեք չի մոռանա:

Եվ մենք անտեր էինք
Ու տիրավոր դարձանք:
Եվ մենք վերջին անգամ ծիծաղեցինք՝
Կորցընողի վերջին հավատքի պես ամուր,
Կորցընողի վերջին խարսխի պես խարխուլ,
Բոլոր ժպիտների ուժով միագումար,
Բոլոր կրակների ձայնով արնաբյուն,
Ծիծաղեցինք մինչև օրը ծալվեց

A ferocious, faceless,
                    Tumultuous body,
Senseless bitterness
Pouring from all sides
Along an unending labyrinth of screams.
Its chaotic, formless soul rotated
Around the axis of its eye
Travelling far into the distance, there to remain for ever,
With no return.

And the kings summoned their heirs
And said to them: "You are the lords now",
Adding: "You are the lords of all there is.
Be firm.
The Lord Himself has appointed you lords, princes.
He shall never abandon you."

And the heirs summoned us
And said to us: "We are the lords now.
The Lord Himself has appointed us lords of all there is,
And He will never forsake us."

We were abandoned
And became slaves,
And laughed for the last time.
As strong as the last faith of the conquered,
As weak as the last anchor of the vanquished,
Holding the power of every smile,
Burning with the sound of every fire,
We laughed until the day collapsed,

Դեպի հողը ծալվող մեր ձեռքերի նման,
Մինչև մառախուղը փոխվեց մեգի,
Մեգը խավար դարձավ,
Եվ սև ծիծաղ իջավ գլուխներին մեր բաց:

Եվ մենք հոգնած ու լուռ,
Հոգնած ամեն ինչից,
Գլուխներս հանդարտ իջեցրինք
Մեր ծիծաղի փայլուն փշրանքներին՝
Հավատքով այն որբի,
Որ աստղեր է պեղում մոխիրների միջից:

Մեր խառնված, խարխուլ ճանապարհին
Աղաղակով թռչող լճեր կային՝
Մեռած կարապների մարմինների վրա:

Like hands drooping towards the earth,
And the haze turned to fog,
And darkness fell.
And black laughter descended over our bare heads.

Tired and silent,
Weary of it all,
We gently lowered our heads
With the faith of an orphan
Extracting stars from the ashes,
Over the sparkling fragments of our laughter.

Our path was desolate, everything a contradiction,
With lakes, flying screaming,
Over the bodies of dead swans.

ՄԵՆՔ ԿԱՏԱՐՅԱԼ ԿԵՂԵՎՆԵՐԻ ՄԵՋ ԵՆՔ

Հողից ոգեկոչված ոգիները թեթև
Բարձրանում են երկինք.-
Եվ կախված սրտերի մեջ քաղաքներ են ծնվում:

Ճշմարտության համար թե կա գեթ
Դույզն-ինչ ազատություն,
Նա կծնվի անգամ շղթաների միջից:

*

Ճերմակ մի ձվի պես
Կատարյալ կեղևի մեջ հանգչող իմ կատարյալ ոգին
Ես ուզում եմ փշրել ձեր ոտքերի առջև
Եվ ձեր զարմացական հայացքներում բացել
Գույների մաքրությունը ցավոտ,
Բացել անէության և նախաստեղծ ոգու
Թրթռումը զնգուն,
Բացել շղթաների դռներն անբացելի,
Բացել գեղեցկության անդունդն անանցելի,
Եվ մեր ցավի՜, ցավի՜,
Ավա՜ղ, մեր խուլ ցավի՝
Մեր մանկան պարզ ճակտի կնճիռները խոկուն:

Իսկ թե չփշրեմ ես,
Եթե թողնեմ այնպես,
Ինչպես հրաբուխն են թողնում հանգիստ-
Մեկ է, պիտի պայթի.-

Եթե ճշմարտությունն ինքն է հասունացել,
Կատարյալ կեղևներն անզոր են պահելու.

Նրանց միջից դարձյալ ճշմարտության ձայնը
Պիտի պայթի վառվող մի սրտի պես,
Ինչպես փակ աչքերում արցունքներն են պայթում,
Փակերի տակ պահվող շրթունքներն են պայթում,

WE ARE IN PERFECT SHELLS

Weightless spirits conjured from the earth
Rise to the sky
Where, from broken hearts, cities are born.

As long as there is one drop of freedom,
Truth can be born
Even in chains.

*

Like a white egg
I wish to shatter at your feet,
My perfect soul dying in a perfect shell,
And unveil the unbearable purity of colour
In your surprised look,
Unleash the echoing thrill of non-existence, of the primal spirit,
Unfasten the impenetrable chains,
Unblock the impassable gorges of beauty.
And our sorrow, our sorrow,
Our agonizing sorrow is, alas,
Like premature wrinkles on a child's forehead.

And if I do not shatter it,
If I leave it as it is,
Just as a volcano is left, one day
It will surely explode.

If the truth matures,
Then perfect shells can no longer contain it.

The voice of truth will explode
From within, as a heart flames,
As tears burst from closed eyes,
As silenced lips explode,

Ինչպես ռումբն են խոթում կեղևի մեջ
Եվ նրանից հեռու գլուխներ են պայթում.-
Այս աշխարհի խուժդուժ խլության դեմ
Պիտի պայթի դարձյալ՝
Ինչպես Սիրտն են հատում
Եվ Արյունն է պայթում…

*

Իմ մեջ մտքերը պայթում են բողբոջների նման,
Եվ իմ զգացմունքների նուրբ ճյուղերին
Ծնվում են ծաղիկները:

Ձեզ համար իմ սիրո գույն-գույն ծաղիկները
Բացվում են գիշերվա թանձրության մեջ.
Ծնունդների մեղմիկ շշուկներով հյուսված,
Լցնում են աշխարհը ոգու երաժշտությամբ,
Ես՝ աչք, ականջ, ոգի,
Որտեղ պայթում են բողբոջները,
Ծաղիկներ են բացվում,
Հյուսվում է սիրո պուտ-պուտ գեղեցկության
Հեքիաթն անմեկնելի:

*

Դուք մեր տոհմածառը թողեք կանգուն
Հիշողության կապույտ բլուրների վրա,
Թողե՛ք…
Նա ինքը ձեզ ապրել կուսուցանի,
Թողե՛ք,
Որ ձեզ համար իր անթիվ շրթունքներով
բույրեր ցանի,

As bombs are concealed
And minds far away blow apart,
It will explode again,
Cutting through the deafness of this world,
Just as blood explodes
When a heart is cut in half…

   *

Thoughts explode and blossom within me
And flowers emerge
On the delicate stems of my feelings.

These colourful flowers of my love,
Threaded through with the whisper of birth,
Open for you in the thickness of the dark.
They fill the world with the music of the soul.
I have become an eye, an ear, a spirit,
In which blossoms burst,
Flowers open,
In which is woven the inexplicable tale
Of the colourful beauty of love.

   *

Leave our family tree standing
On the blue hills of memory.
Leave it…
       It will teach you how to live,
Leave it,
     To scatter perfume for you
             From its myriad lips

Մի՛ ջարդեք մեր ոգին,
Ինչպես երե՜կ-երե՜կ-երե՜կ… այսօ՛ր.
Թողեք հարատև մնանք, մնանք անպարտելի՝
Մեր բազմաճյուղ տոհմի հավերժությամբ հզոր։

Do not crush our spirit, as you do today,
  As you did through all our yesterdays.
Let us now remain resolute,
Rich with the eternity of our widespread race.

ՏՎԵՔ ԻՆՁ ԻՄ ԱՉՔԵՐԸ

Տվե՛ք ինձ իմ ձեռքերը,
Եվ ձեզ համար գույն-գույն լույսեր կքաղեմ ես,
Կհավաքեմ ծաղիկների շշուկները մեկ-մեկ-
Ձայների թրթռումը կբռնեմ օդի մեջ,
Կբռնեմ ամպերի զնգոցն անբռնելի,
Մաքուր ջրվեժների շոգի մեջ կլվանամ,
Բռիս մեջ կքամեմ ծովի ջուրը աղի,
Մի քիչ աղ կցանեմ ձեր պատառին անհամ,
Ես մատներով ձայներ կհանեմ շրթունքներից
Եվ հողմերի միջից կքամեմ աղամանդներ,

Տվե՛ք ինձ իմ ձեռքերը,
Եվ ես կամուրջներ կկապեմ ձեզ համար,
Կգուրգուրեմ հողը, նա կդառնա բերրի,
Կշոյեմ դժգույն սարերի ճակատները խոնավ,
Նրանք փակ կրծքերից աղբյուրներ կհանեն,
Քարերը օրհնանք կասեն սֆինքսների խոսքով…

Տվե՛ք ինձ իմ աչքերը,
Որ ձեզ տեսնեմ այնպես,
Ինչպես արարել է ձեզ բնության ոգին.-
Թող կույր չմնամ ես.-
Տվե՛ք ինձ իմ աչքերը,
Տվե՛ք,
Կարեկցանքով նայեմ կարեկցանքին:

Իմ սի՛րտը տվեք ինձ.
Սրտի տեղ կրծքիս մեջ մի հոգնա՛ծ, քրքրվա՛ծ արարած եք դրել.
Որ ես քարշ եմ տալիս հոգնած իմ ծնկներում,
Տանում եմ:
Եվ ինքն ինձ տանում է:
Մենք իրար տանում ենք անհայտության խուլ-խուլ
ճամփաներով,

GIVE ME MY EYES

Give me my hands,
And I shall tie colours in bouquets for you,
One by one, I shall collect the whispers of flowers,
I shall catch the throb of voices in the air,
I shall hold the elusive chimes of clouds,
And wash them in the clean mist of waterfalls.
In my hands, I shall drain salty seawater,
And sprinkle salt on your tasteless morsels.
With my fingers, I shall draw out voices from lips
And squeeze diamonds from storms.

Give me my hands
And I shall build bridges for you,
I shall caress the earth and it will become fertile,
I shall touch the pale wet foreheads of mountains,
They shall release springs of water from their constricted chests,
Stones shall murmur blessings in the words of the Sphinx…

Give me my eyes
To see you
The way you were created by the spirit of nature.
Do not let me stay blind,
Give me my eyes,
Give them to me
To look at sympathy with sympathy.

Give me my heart.
In my chest, instead of a heart, you've placed
A weary, worn-out creature.
I carry it
And it carries me.
We carry each other along the remote, dark paths of the unknown.

Տվե՛ք ինձ իմ սիրտը.
Եվ ես կհավաքեմ ձեր վշտերը բոլոր,
Կքամեմ ձեր թախիծը ձեր աչքերի միջից
Եվ խնդության լույսեր կցանեմ ձեր հոգում:

Տվե՛ք ինձ իմ շուրթերը.-
Ես նրանցով հողից ծաղիկներ կհանեմ,
Կհամբուրեմ ժայռը և նա կդառնա վանք,
Կհամբուրեմ ձեր աչքերը, ձեր շուրթերը, ձայնը,
Կհպվեմ ջրերին, ջրերը կքրքջան,
Կհամբուրեմ լռությունը,
Եվ նա կբարբառի հեքիաթային խոսքեր:-
Կհամբուրեմ գույները, նրանք լաց կլինեն,
Երջանկության դողով կխառնվեն իրար,
Եվ մենք կմոլորվենք գույների մեջ:

Տվե՛ք ինձ իմ շուրթերը.
Որ ձեզ համար գտնեմ բառեր անգտնելի,
Հնչյունները դարձնեմ կախարդական ճյուղեր
Եվ գտած իմ բառերը
Ծաղիկների նման կախեմ այդ ճյուղերից:

Տվե՛ք ինձ իմ շուրթերը,
Որ ձեզ համար երգեմ,
Ձեզ համար հանգստյան պատարագ կերգեմ,
Կմրմնջամ աղոթք,
Եվ կամարները կբարձրանան երկինք…

Give me my heart
And I shall gather up all your sufferings,
I shall drain your sorrows from your eyes
And sprinkle shades of happiness upon your souls.

Give me my lips,
I shall pull flowers from the earth with them,
I shall kiss the rock – and it will turn into a church.
I shall kiss your eyes, your lips, your voices,
I shall touch the waters – they will gurgle with delight.
I shall kiss silence,
And it will utter magical words.
I shall kiss colours – and they will weep,
They will whirl in a thrill of joy,
And we shall be lost in colour.

Give me my lips
To find unreachable words for you,
To turn sounds into magical branches
From which to hang, as flowers,
The words I find.

Give me my lips
To sing for you.
I shall sing a requiem Mass,
I shall murmur prayers,
And the arches will rise to the skies…

ՄԵԿԸ ՏԽՈՒՐ Է, ԵՐԿՈՒՍԸ ՏԽՈՒՐ ԵՆ...

Մեկը տխուր է,
Երկուսը տխուր են,
Երեքը տխուր են,
Հարյուրը, միլիոնները,
Բոլորը տխուր են:

Մտնում ես հանկարծ միլիոններից մեկին,
Եվ անփույթ ծիծաղների ծաղկեփունջը ձեռքիդ,
Հանում ես ծաղիկները մեկ-մեկ
Եվ թույլ գնդակների անզորությամբ
Շարում ես աչքերին, ձեռքերին, շուրթերին ու կրծքին,
Շարում-ծիծաղում ես՝
Հավատալով մարդու ամենազոր խելքին:

Եվ դու, որ քո առջև
Տեսել ես աշտարակված մտքեր,
Լսել ես անդունդներից ելնող
Ոգելից ամենալիր
խոսքեր,
Քո խոսքի հնչյուններն այլևս
Չեն դառնում արթնության ղողանջ,
Չեն դառնում թևեր զորավիգ,
Որ հոգնած մարմինդ օրորեն
Սեփական թախծի մեջ թերևս.-
Թերևս մատները շոյեն քեզ
Շուրթերի մեղանխոլիկ քնքշությամբ.-
Չէ՞ որ երբ աշունդ մոտ է՝
Հնչյուններդ նետում ես
Աշնան տերևների անփութությամբ,
Բայց աշնան տերևների գույների հարստությամբ:

Նետում-ծիծաղում ես-ու ժպտում ես կրկին՝
Հավատալով մարդու ամենազոր խելքին:

ONE IS IN SORROW, TWO ARE IN SORROW...

One is in sorrow,
Two are in sorrow,
Three are in sorrow,
Hundreds, millions,
All, all are in sorrow.

Swiftly approaching one of the millions
With a bouquet of carefree laughter in your hand,
You take out the flowers one by one
And with the impotence of a weak bullet
You place them on his eyes, hands, lips and chest,
Then laugh,
Believing in the power of the human mind.

And you, who have seen before you
Towering thoughts,
Heard exhilarating, all-embracing words
Rising from the abyss,
The sounds of your words cease to be
Chimes of consciousness,
Wings of support
To rock your worn-out body
In your own sorrow perhaps,
Perhaps touching you with fingers
That possess the melancholic tenderness of lips.
When your autumn is near
You hurl your sounds
With the carelessness of autumn leaves,
And with the richness of their colour.

You hurl them, laughing, then smile again,
Believing in the power of the human mind.

Եվ մարդիկ, որ ունեն խելագարներ,
Իմաստուններ մտքի,
Իմաստուններ հոգու,
Որ ունեն շղթաներ,
Շղթայակապ երգեր,
Նահատակներ ունեն
Մարմնավոր մեղկ կրքի,
Որոնք, այդ «հրեշտակները»
Իրենց կիրթ հոգիները
Խարսխում են մաքրության անբռնելի գաղափարին,
Եվ մարդիկ, որ ունեն առաջնորդներ հոտի,
Եվ ոչինչ չունենալու համար՝
Ունեն ծաղրածուներ,
Որ ունեն դահիճներ-տափարակներ վշտի,
Երջանկության անվերջ փոքրացող ածուներ,
Որ ունեն խրտվիլակներ-տիպար կատարյալի,
Ունեն պահապաններ-փարատիչներ մեղքի,
Եվ ծածկված հոգի-անցուղիներ ելքի,
Քառակուսի զանգեր-կաղապարներ երգի,
Մտքի՛,
Երգի՛,
Խոսքի՛,
Սրբազնագույն կրքի՛,
Մաքուր արվեստների և անմաքուր հանգի,
Սեռամոլոր սիրո և խակ ակնածանքի,
Դեռ չաղարտված հոգու և աղարտյալ վարքի,
Սահման դյուցազնության և անսահման խելքի,
Ունեն կաղապարներ վերջին մեղանչումի և կտտանքի,
Եվ աստվածներ... ավա՜ղ... և աստվածներ չունեն,
Նախ լռում են մի պահ,
Ապա դուրս են քաշում քրքրված հոգիներից
Արհամարհանքի շղթաները փայլուն,
Որոնցից դառնությունն է կաթում հավերժական մեղքի:-
Քաշում-փաթաթում են քո մարմնի շուրջ

And the people who know the insane,
And the wise men of the mind,
And the wise men of the soul,
These are people who know chains,
They know songs in chains,
They have martyrs
Of base bodily lust.
And these so-called 'angels'
Anchor their well-mannered souls
To the unreachable concept of pureness.
And those who have leaders
And have clowns in order
To have nothing,
They, with their executioners' scaffolds of sorrow
And forever shrinking fragments of joy,
With their scarecrows, epitomes of perfection,
They have protectors – eliminators of sins,
Concealed souls – escape routes,
Square skulls – shells of songs,
Of the mind,
Of the song,
Of the word,
The most revered lust
Of the pure arts and impure rhyme,
Of oversexed love and immature respect,
Of a still untarnished soul and tainted conduct,
Of bounds of bravery and boundless brains.
Those who have casts for the last sin and torture
And gods, alas, they have no gods.
At first, they remain silent for an instant,
Then they drag the polished chains of disdain
From the shattered souls
Dripping with the bitterness of eternal sin,
They drag and wrap around your body

Ծիծաղների թունոտ դամբաններում փակված
Դառնությունը կյանքի:

Իսկ դու ասել էիր, թե մի թախծեք,
Մի տխրեք, ամեն ինչ լավ կլինի:
Մի ծառ ծաղկում է,
Երկրորդը ծաղկում է,
Երրորդը ծաղկում է,
Հարյուրը, միլիոնները,
Բոլորը ծաղկում են:-

Ամբոխը միջատների նման ցրվում է ծառերի մեջ,
Եվ բոլոր ծառերի տակ
Ժպիտների կանաչ ծաղկոցներ են փռվում,
Բույրերով, արցունքներով շաղախվում են հանկարծ
Հոգիները ստերջ,
Եվ ամուլ աչքերի բորբոսը ճեղքելով,
Քանդելով միայնության հանգույցները քարե,
Ծառերի արմատներին ժպիտներ են խրվում.

Եվ հանկարծ ներկան կշտացած աչքերով նայում է՝
Սակայն ոչ անցյալին,
Ոչ էլ ապագային.-
Ծաղրածուն ոստոստում է,
Արքան ծիծաղում է,
Ծաղրածուն թքում է իր արքայի ոսկեբանված գահին,
Արքան ծիծաղում է բարձր ավելի.-

*

Մի ծառ չորանում է,
Երկրորդը չորանում է,
Երրորդը չորանում է,
Հարյուրը, միլիոնները,
Բոլորը չորանում են…

The bitterness of life,
Locked up in the poisoned tombs of laughter.

Yet you had told us not to grieve,
Not to despair, all would be well.
One tree blossoms,
A second blossoms
A third blossoms,
A hundred, a million,
Every tree blossoms.

The mob disperses among the trees like insects,
And under each tree
Blankets of green laughter are spread out.
Barren souls
Are at once drenched in perfume and in tears.
And piercing the mildew of barren eyes
And breaking the stone barriers of loneliness,
Smiles are thrust into the roots of the trees.

And suddenly, the present looks on with contented eyes –
Though not to the past,
Nor to the future –
The clown is bouncing,
The king is laughing,
The clown spits upon his king's glorified throne,
And the king laughs even louder.

*

One tree dies,
A second dies,
A third dies,
A hundred, a million,
Every tree dies…

Ամայի անտառները դառնում են կախաղաններ
Անեղծելի, մաքուր, սպիտակ փաթիլներին:

Մարդկային նոսրացած ամբոխը
Ճոճվում է կախաղանների պես.-

Կախաղաններն իրար գլուխ են խոնարհում,
Եվ ոգեղեն փայլը Սոկրատեսի,
Ապոլոնի հանճարի զրնգացող մերկությունը,
Նարեկացու մեղքը ամենազոր,
Տոլստոյի ոգեպատիր անսահմանությունը
Դագաղի մեջ դրած՝
Տանում են տափաստանյան մի հին ու քրքրված սայլով:

Մարդկային նոսրացած ամբոխը
Ճոճվում է կախաղանների պես՝
Սմքած, դժգունացած, մեռած բույր ու թույրի
անհուսատու փայլով:

Վաղեմի նժույգները քայլում են հենակների վրա,
Նրանց քառատրոփը
Հեռացող ժամանակի սաթե ականջներում
Տկտկոց է դառնում,
Կախաղաններն ընկնում են
Ու... նորերն են հառնում:

Քուռակները քիչ-քիչ ավանակի
Կերպարանք են առնում:

Կախաղաններն իրար գլուխ են խոնարհում:

Կախաղանները մարդկանց շարում են իրար կողքի,
Եվ ձեռքերին պահած դրոշակներ արյան,
Արնաքամ մարմինները առաջ են խթանում.

The deserted forests become gallows
For the flawless, pure, white flakes.

The scattered crowd of people
Swings like the gallows.

The gallows bow to each other
And having filled a coffin with
The incorporeal glow of Socrates,
The resounding nakedness of Apollo's radiance,
The overpowering sin of Narekatsi,
Tolstoy's awe-inspiring boundlessness,
They carry it away in a shabby Russian cart.

The scattered crowd of people swings
    Like the gallows
With the dismal gleam of
    An existence that is dried-up, discoloured, dead.

The old stallions move about on crutches,
Their gallop
A mere tapping in the amber ears of passing time.
The gallows are falling
And new ones… arise.

The foals are slowly
Turning into donkeys.

The gallows are bowing to each other.

The gallows line the people up, side by side,
And with flags of blood held in their hands,
They nudge the lifeless bodies forward –

Առա՛ջ, առա՛ջ, առա՛ջ:- Դեպի ու՞ր են տանում,
Ու՞ր են տանում, ասե՛ք,
Ո՞ւր են տանում, ասե՛ք,
Արարատներն այս սեգ:

Կախաղաններն իրար գլուխ են խոնարհում.-

Փտած ոսկորներով զարնըվում են իրար
Եվ ոսկրային-դեղին քրքիջներ են հանում:

Զանգակների ձայնը՝ շոյող, անբռնելի, կանչում է քեզ,
Եվ դու մոլորվում ես կախաղանների անտառի մեջ՝
«Ո՞վ ես դու,
Որտեղի՞ց ես եկել
Եվ ո՞ւր պիտի քայլես...»:

Ականջներիդ մանուկ սրսփումի վրա
Մի բու կոնչում է,
Մի վագր մռնչում է,
Մի նժույգ տկտկում է հենակների վրա.-

Մեկը տխուր է,
Երկուսը տխուր են,
Երեքը, միլիոնները,
Բոլորը տխուր են:

Forward, forward, forward! – where are they taking them?
            Where are they taking them? Tell me!
            Tell me! – where are they taking them,
            Those majestic peaks of Ararat?

The gallows are bowing to each other.

They bump into each other with rotten bones
And let out shrieks of bony laughter.

The soft, elusive chimes of the bells are calling you,
And you are lost in the forest of gallows.
"Who are you?
Where have you come from?
And where are you going…?"

An owl is hooting,
A tiger is roaring,
A stallion is tapping its way on crutches,
Above the murmuring in your ears –

One is in sorrow,
Two are in sorrow,
Three, millions,
All, all are in sorrow.

ՊԱՏԳԱՄ

Ինչպես էլ պատմեմ հեռավոր
Օրերիս տրտմությունն անել,
Կիմանան, որ կյանքիս համար
Մի աշխարհ արյուն եմ քամել:

Խավարում, նստել եմ խավարում
Եվ աստղի, մեծ աստղի դուրս գալուն
Սպասել եմ երկար ու երկար,
Մի աշխարհ ցավեր կան իմ հոգում,
Սակայն ես չեմ դարձել ցավագար:

Եվ ինչ էլ որ պատմեմ աշխարհին,
Չեմ ուզում, որ հանկարծ ինձ խղճան.-
Կա կյանքիս օրենքը իմաստուն,
Որ հացին թշնամի չեն լինի,
Չեն լինի հողին դավաճան:

Իմ երկիր, մի անհուն ճառագայթ
Տանում է քեզ անհունն անվախճան,
Պարտվել են օրերդ թշնամի,
Մեռել են երգերդ դավաճան:

Ցնծության կրակներ ես վառել,
Իմ մեջ քո հրաշքն է հոլովվում,
Քո հրի հեքիաթով ոգեղեն
Այրում ես ու չես խորովվում:

Հեքիաթ են լեռներդ ադամանդ,
Հեքիաթ են քաղաքներդ ոսկի,
Հեքիաթ ես անհուն, անվախճան՝
Ծալքերում, ծերպերում խոսքի:

MESSAGE

However I recount
My story of bygone days,
It will be clear that, for my life,
I have shed a world of blood.

For a long time, I have sat in the dark
Waiting for the star, the big star,
To rise.
There is a world of pain in my soul
Yet I have not become a cripple.

And whatever I tell the world,
I do not wish to be pitied,
There is a wise maxim I follow:
Loathe not your bread,
Betray not your land.

My homeland, my endless ray of light,
Eternity is your travelling companion,
Defeated are your loathsome days,
Dead are your songs of betrayal.

You have kindled flames of joy,
And your wonders spread within me.
You burn with the divine legend of your fire
But do not consume.

Your diamond peaks are a legend,
Your golden cities a legend,
In every fold of every word
You are a legend, endless and eternal.

Հեքիաթ ես, իրաշք ես, և ահա
Քո որդոց քո պատգամն անվախճան՝
Քո հացին թշնամի մի լինիր,
Մի լինիր քո հողին դավաճան:

You are a legend, you are magic,
And your eternal message to your sons is this:
Loathe not your bread
Betray not your land.

ՈՎ ԻՄ ՍՈՒՐԲ ԱՇԽԱՐՀ

Ով իմ սուրբ աշխարհ,
Իմ սուրբ հայրենիք,
Ահա իմ սիրտը
Քո ձեռքին սովոր թռչունի նման
Խաղում է ոսկե մատներիդ վա
Եվ քո ափի մեջ
Երգի ոգեղեն հասկեր է կտցում.-
Եվ քո ափի մեջ
Երգի կաթնաբույր շաղախ է հունցում…

Ով իմ սուրբ աշխարհ,
Ահա իմ սիրտը
Քո հայացքների ջերմությամբ ապրող
Թռչունի նման
Իջնում է երկար քո թարթիչներին
Եվ զգվում է քո
Ճակատը ոսկե,
Եվ տաք շողի պես
Պլլվում է քեզ,
Եվ գրկում է քո գլուխը հուրհեր,
Եվ աղաչում է քեզանից հուրեր,
Թաքցրած հուրեր՝
Որ չդալկանա:

Նա քո ձայնի պես ապրում է քո մեջ,
Եվ դու ես նրան լույս աշխարհ բերում՝
Եվ աղաչանքով,
Եվ հառաչանքով
Եվ օրհներգությամբ,
Փառաբանության կրակներով պերճ,
Այդ դու ես նրան լույս աշխարհ բերում՝
Լույսը՝ լուսեղեն հրայրքների մեջ:

O MY SACRED LAND

O my sacred land,
My sacred homeland!
My heart
Like a bird in your familiar hand
Plays upon your golden fingers,
And in your palm
It pecks at the golden grains of songs,
And in your palm, kneads them together
In a milk-scented mixture…

O my sacred land,
My heart,
Like a bird
Living in the warmth of your gaze,
Sits upon your long eyelashes
And embraces
Your golden forehead,
And wraps itself around you
Like a warm ray of light.
It holds your head of flaming hair,
And begs you for your flames,
Your hidden flames,
So as not to lose its flare.

As your voice does, so lives my heart within you.
You give birth to it,
Imploring,
Sighing,
Blessing it
With the glorious flames of exultation,
It is you who give birth to it,
A light amongst the bright fires of light.

Ահա իմ սիրտը
Իր խոսքի երկար այս ճանապարհին
Անտեղյակ չանցավ քո տառապանքից,
Չկարողացավ ցավդ չտեսնել,
Չապրել վերստին
Կորուստներդ հին,
Հրաժարվելով ձրի ձեռք բերվող վարկից ու վարձքից,
Ընդվզեց հանկարծ
Քո խուլ ցավերի խուլ զարհուրանքից.-
Եվ պատարագի իր հազարագույն այս ճանապարհին
Հնչեց քո ամեն քարից ու ժայռից,
Հնչեց քո ամեն թփից ու այրից,
Քո ամեն վանքից,
Եվ փառաբանեց
Գոյատևության զորությունդ մեծ
Եվ ամբաստանեց
Քո ոտքին կպած,
Ետքից քարշ եկող տխրությունը խեղճ,
Որովհետև նա քո ձայնի նման ապրում է քո մեջ:

Եվ տեսա հանկարծ,
Որ մեծ աշխարհի տառապանքի մեջ
Դեռ ծաղկում եմ ես,
Ծաղկում եմ ծաղկող արշալույսի պես՝
Բացված ձեռքերիս՝
Երազանքների աստղաբույլերը նորի ու հնի.-
Բացված աչքերիս՝ ոգեղեն փայլը
Մայրամուտներով խեղդվող անհունի,
Բացված շուրթերիս՝ դրախտների մեջ
Թափառող կանչը քո սուրբ անունի.-
Եվ ծունկի եկած Արևիդ առաջ
Աղաչում եմ ես՝
Ա՛խ, իմ անունը թող Տառապանքի Ծաղիկ չլինի...

And in this long journey of words, my heart
Was not blind to your sufferings,
Was unable not to see your pain,
Unable not to relive
Your old losses once more.
Refusing the easy gains,
It immediately protested
Against the terror caused by your pain,
And in this elegiac, multicoloured journey,
It sounded from your every rock and stone,
Your every bush and tree,
Your every church,
Revering
Your great power of survival,
And denouncing
The sorrow you drag along, chained to your leg
Because, like your voice, my heart lives within you.

And suddenly I found
That amongst the anguish of this great world
I could still flourish,
Flourish like the unfolding dawn,
In my open hands
The gleam of hopes, old and new,
In my open eyes
The heavenly glow of
Eternity choking on sunsets,
On my open lips
The cry of your sacred name
Wandering in paradise.
And kneeling before your Sun
I implore you:
May my name never be a Flower of torment…

Աղաչում եմ ես Արևիդ առաջ՝
Թող Տառապանքի Ծաղիկ չլինի,
Որովհետև մենք տառապում երկար
Եվ ապրում ենք կարճ,
Որովհետև մենք խարտվում ենք երկար
Եվ ապրում ենք կարճ,
Խաղում ենք երկար,
Եվ ապրում ենք կարճ,
Ծիծաղում երկար,
Եվ ապրում ենք կարճ.-
Եվ մեծ բռնության հրաշքների պես
Մեռնում ենք երկա՛ր, երկա՛ր ու երկա՛ր,
Այդպես ապրում ենք հավիտենապես:

I implore you before your Sun:
May it never be a Flower of torment,
For our suffering is long
But our lives are short.
We are tormented for a long time
But live only a short while,
We play for a long time
But live only a short while,
We laugh for long time
But live only a short while.
And like the wonders of Creation
We die a long, slow death,
And thus we live forever.

ՀՈԳԵՀԱՆԳԻՍՏ

Քամին սրբում է դեմքը աշխարհի,
Սև փաթիլներով իջնում է մութը
Ծառերի վրա
Եվ ամանօրյա զարդերի նման
Փոքրիկ, լուսավոր առկայծումներով
Ծտեր են պահվում տերևների մեջ.-

Լուսինը վերից նայում է անթարթ՝
«Այդ ինչպե՞ս է, որ փակված աչքերով
Արթուն են նրանք ամեն ակնթարթ»…

Գետերն ինչու՞ չեն խլացնում իրար,
Եվ ի՞նչ են ասում երգով անանուն.-
Ի՞նչ են երազում ձկները հեռու
Օվկիանոսների ջրերում անհուն…

Վերջապես ի՞նչ է բամբասում քամին,
Ցուրտ ծիծաղների արոտների հետ.-
Ապակիները ի՞նչ են զնգզնգում
Խեղճ, անապաստան կարոտների հետ…

Քամին սրբում է դեմքը աշխարհի,
Սև փաթիլներով իջնում է մութը
Հոգանոծ ծառերին.-
Ձեռքված աշխարհի անդունդն է քաշում
Ամպերին հուրհեր
Արևն՝ ամպերի նախազոր ներին:

Եվ մրջյունների շարքերը երկար
Գնում են հոգնած արևը թաղեն.-
Աստղերն ելնում են՝ նահատակների
Քարերը քաղեն, հողերը մաղեն:

REQUIEM

The wind brushes the face of the world,
Black flakes of darkness
Descend upon the trees,
And hiding in the leaves
Small birds flash
Like Christmas ornaments.

The moon looks on without a blink –
"How do they manage to remain constantly awake,
Even with closed eyes…?"

Why do rivers not deafen each other?
And what do they say in their untitled songs?
What are the fish dreaming of
In the vast waters of the oceans…?

And what is the wind gossiping about
With the pastures of cold laughter?
What are the windowpanes tinkling
To the poor, homeless yearnings?

The wind brushes the face of the world,
Black flakes of darkness
Descend upon the trees.
The sun, master of the firmament,
Is pulling the blazing clouds
Into the split chasm of the world.

And the long lines of ants
Are marching to bury the sun –
And the stars ascend
To mourn the loss of the martyrs.

ՎԵՐՋԵՐԳ

Իմ երկի՛ր, մի անհուն ճառագայթ
Տանում է քեզ անհունն անվախճան,
Պարտվել են օրերը թշնամի,
Մեռել են երգերը դավաճան:

Եվ քանի որ ես բաց դուռ եմ դարձյալ
Եվ քանի որ ես բաց աչք եմ կրկին,
Եվ քանի որ ես բաց ականջ եմ դեռ՝
Անցյալը գալիս, կանգնում է իմ դեմ
Հարազատների պատկերներ ձեռքին:

Անցյալը գալիս, լցվում է իմ մեջ
Եվ խառնում է հոգուս անկյունում,
Բոցավառվում է տխուր պատկերով
Եվ անդարձորեն տրվում է քամուն:
Եվ անդարձորեն կորչում է, չկա՛:
Եվ համկարծ նորից գալիս է էլի,
Բերում է իր հետ տխուր պատկերներ
Տխուր աչքերի, տխուր կյանքների:

Եվ ես քանդում եմ պատնեշներն ամեն,
Բացում եմ բոլոր դարպասները փակ,
Խոսքի բռնկվող ռումբեր եմ դնում
Թույնը ներփակող պարիսպների տակ:
Բացու՛մ եմ անվերջ, բացու՛մ եմ, բացու՛մ,
Փշրում եմ բոլոր փակերն աշխարհի,
Ճեղքում եմ ցավի հունդերը բոլոր,
Ձեռքով հատում եմ տառապանքն հողի,
Բացու՛մ եմ անվերջ, ճեղքու՛մ եմ, հատու՛մ,
Մերկացընում եմ դեմքն արարողի,
Որ տեսնի՝ ինչպես երկրի վրայով
Գնում են, չքվում
Գետերը ցավի,
                    թույնի
                        ու ոխի:

EPILOGUE

My homeland, my endless ray of light,
Everlasting eternity is your companion on the road,
Your loathsome days defeated,
Your songs of betrayal dead.

And because I am an open door again,
And an open eye once more,
And because I am still an open ear,
The past comes to stand before me,
Holding pictures of my kinsmen in his hand.

The past pours into me,
And thickens in a corner of my soul.
It burns, a sombre picture,
And submits to the wind, never to return.
Yet all at once the past appears again,
Bringing with it dismal pictures
Of mournful eyes, of cheerless lives.

And I destroy all bonds and barriers,
Open all the closed-fast gates,
Place powerful bombs of words
Under the wall of bitterness.
Unceasingly, I open, open, open,
Smashing every lock in the world,
I split every seed of pain,
Cut every suffering of the soil,
Unceasingly, I open, split and cut,
To expose the face of the Creator,
To let Him see how the rivers
Flow away and disappear from the earth,
Rivers
      Of pain,
            Of bitterness,
                  Of spite.

BIOGRAPHICAL NOTES

RAZMIK DAVOYAN was born in 1940 in Mets Parni, Spitak, Armenia. He graduated from the Medical College in Leninakan in 1958 and from the Pedagogic State University in Yerevan in 1964. During his student years he worked in the press and he later served in various government departments. In 1994 he became the first elected President of the Writers' Union of Armenia and from 1999-2003 he served as Adviser – on cultural and educational issues – to the President of the Republic of Armenia. He currently holds the position of Advisor at Armenian Public Television.

He has published well over thirty volumes in Armenian, Russian, Czech and English. Translations of his works have also appeared in dozens of languages.

Davoyan has received countless prizes, awards and honours including: Armenia's Youth Organization Central Committee Prize for Literature, 1971; Armenia's State Prize for Literature, 1986; the Order of St. Mesrop Mashtots, the highest non-military order of the Republic of Armenia, from the President of Armenia for his achievements and services to the country, in 1997; the President's Prize for Literature, 2003, for his children's book *Little Bird at the Exhibition*; the first-degree Medal "for Services to the Fatherland" from the President of the Republic of Armenia, 2010; and the CIS "Stars of the Commonwealth" international award in Moscow in 2012.

Three of his most significant books were denied publication by the Soviet regime: *Requiem* was blocked for five years before it was published in Yerevan in 1969; *Massacre of the Crosses* saw its first publication in Beirut in 1972; and *Toros Rosslin* first appeared in New York in 1984 because it could not be published in Armenia.

ARMINE TAMRAZIAN was born in Tehran of Armenian parents and was educated in three languages (Armenian, Farsi and English). After receiving her BA degree in English in Tehran, she went on to study Linguistics at University College, London University, where she completed her MA and PhD degrees. She returned to Armenia to work as a lecturer at Yerevan State University and Yerevan State "Brusov" University for Linguistic Studies. She has also carried out research as a visiting scholar at the University of Toronto.

She has published several volumes of literary translations, including a volume of selected poems by Razmik Davoyan, *Whispers and Breath of the Meadows* (Arc Publications, 2010) and the anthology *Six Armenian Poets* (Arc Publications, 2013), edited by Razmik Davoyan.

Classical music is also an important part of her life. She has studied the piano from a very young age and given many performances as an amateur pianist. Having sung in a children's and youth choir from the age of five, during her student years in London she became a member of the Royal Choral Society and sang in the choir for four years until moving to Yerevan.

ARC PUBLICATIONS
publishes translated poetry in bilingual editions
in these series:

ARC TRANSLATIONS
Series Editor Jean Boase-Beier

'VISIBLE POETS'
Series Editor Jean Boase-Beier

ARC CLASSICS:
NEW TRANSLATIONS OF GREAT POETS OF THE PAST
Series Editor Jean Boase-Beier

ARC ANTHOLOGIES IN TRANSLATION
Series Editor Jean Boase-Beier

NEW VOICES FROM EUROPE & BEYOND
(anthologies)
Series Editor Alexandra Büchler

details of which can be found on the
Arc Publications website at
arcpublications.co.uk